BEI GRIN MACHT SICH IHR WISSEN BEZAHLT

- Wir veröffentlichen Ihre Hausarbeit,
  Bachelor- und Masterarbeit

- Ihr eigenes eBook und Buch -
  weltweit in allen wichtigen Shops

- Verdienen Sie an jedem Verkauf

Jetzt bei www.GRIN.com hochladen und kostenlos publizieren

Hans-Jürgen Borchardt

Senioren, der vernachlässigte Markt

Ein Marktsegment mit Ressourcen

GRIN Verlag

Bibliografische Information der Deutschen Nationalbibliothek:

Die Deutsche Bibliothek verzeichnet diese Publikation in der Deutschen National-
bibliografie; detaillierte bibliografische Daten sind im Internet über http://dnb.d-
nb.de/ abrufbar.

Impressum:

Copyright © 2011 GRIN Verlag, Open Publishing GmbH
Druck und Bindung: Books on Demand GmbH, Norderstedt Germany
ISBN: 978-3-640-78881-1

Dieses Buch bei GRIN:

http://www.grin.com/de/e-book/164136/senioren-der-vernachlaessigte-markt

GRIN - Your knowledge has value

Der GRIN Verlag publiziert seit 1998 wissenschaftliche Arbeiten von Studenten, Hochschullehrern und anderen Akademikern als eBook und gedrucktes Buch. Die Verlagswebsite www.grin.com ist die ideale Plattform zur Veröffentlichung von Hausarbeiten, Abschlussarbeiten, wissenschaftlichen Aufsätzen, Dissertationen und Fachbüchern.

Besuchen Sie uns im Internet:

http://www.grin.com/

http://www.facebook.com/grincom

http://www.twitter.com/grin_com

Senioren, der vernachlässigte Markt

Im Zeitalter des Überangebotes sind die Methoden der Kundengewinnung immer feiner geworden. Eine weit verbreitete Möglichkeit ist, die Kunden in Zielgruppen zu klassifizieren und zielgruppengerechte Angebote zu entwickeln. Diese Strategie ist besonders deutlich bei den Automobilherstellern zu beobachten, die ihre Produktpalette speziell auf die Bedürfnisse der einzelnen Zielgruppen ausrichten.

Eine Zielgruppe, die immer noch stark vernachlässigt wird, sind die Senioren. Das mag damit zusammenhängen, dass das Bild der Jugend in der Werbung moderner und attraktiver ist. Die Unternehmen wollen sich zeitgemäß präsentieren und nicht in die Nähe des „Rentner-Image" geraten. Sie wollen zwar die „Alten" als Kunden aber das nicht vordergründig zum Ausdruck bringen. Deshalb verwendet man für die ältere Generation auch gern verschönernde Begriffe wie Best-Age, Master-Consumer, Silver-Surfer, 50Plus Generation etc.

Wie immer auch diese Altersgruppe genannt wird, sie hat in den letzten Jahrzehnten einen erstaunlichen Wandel durchlaufen. Sie gestaltet den dritten Lebensabschnitt aktiver und selbstbewusster als die Generationen vor ihr. Die älteren Menschen erobern das Internet, betreiben Sport, widmen sich der Fortbildung, engagieren sich sozial, erleben und genießen den letzten Lebensabschnitt sehr bewusst. Und: Der überwiegende Teil muss nicht mit jedem Cent rechnen. Sie sind souverän und differenzierter in ihren Kaufentscheidungen, weil sie über die entsprechenden finanziellen Mittel verfügen.

Auf der Homepage von „research-tools.net" ist ein allgemein einsehbarer Auszug aus der Untersuchung „Senior-Efficiency Index 2008" zu lesen, aus dem ich den folgenden Auszug gewählt habe:

__Die Zielgruppe der Senioren__–hier wie auch in vielen anderen Studien weit definiert als Zielgruppe 50plus -wird demografisch immer wichtiger. Der Anteil älterer Menschen in unserer Gesellschaft nimmt kontinuierlich zu. Diese Entwicklung wird sich den Bevölkerungsprognosen des Statistischen Bundesamtes zufolge langfristig weiter fortsetzen.

- *In den nächsten 4 bis 6 Jahren gehören die geburtenstärksten Jahrgänge (1956-1964) zur Generation 50plus*

- *Der Anteil der Generation 50plus an der Gesamtbevölkerung steigt damit auf ca. 43 %*
- *Die Generation 50plus hält 2008 etwa 60 Prozent des Vermögensaller Haushalte, was 2.2 Billionen Euro entspricht*
- *Das durchschnittliche Nettoeinkommen der Generation 50plus liegt 2008 bei ca. 2500 Euro mtl."*

Wer für sein Unternehmen die Frage stellt: „Was muss ich tun, damit ich morgen noch wettbewerbsfähig bin?", sollte für sich möglichst bald eine Antwort finden, um sich in diesem Segment zielgruppengerecht zu etablieren. Wenn in wenigen Jahren fast jede zweite Person zu dieser Generation gehört, müssen sich die Angebote und Leistungen sowieso darauf einstellen.

Dass diese Angebotsaktualisierung unumgänglich ist, beweist ebenfalls die gleiche Untersuchung von research-tools.net, wo auf Seite 5 die „Senioren- und Jugendmarken im Branchenüberblick" dargestellt werden. In diesem Vergleich, der sich über 10 Branchen erstreckt, wird deutlich, dass es zwischen den Jüngeren und den Älteren erhebliche Unterschiede in der Akzeptanz der Marken gibt. Vergleicht man die jeweils bevorzugten Marken, ergeben sich folgende Erkenntnisse für die Seniorenmarken:

- Der Unternehmensauftritt ist seriöser
- Das Preisniveau dieser Anbieter ist höher
- Die individuelle Betreuung und die generelle Servicebereitschaft der Seniorenmarken sind höher einzuschätzen und
- Die Ausrichtung auf die Gesundheit ist größer.

Legt man diese allgemeinen Erkenntnisse zu Grunde, ergeben sich generell folgende Fragen:

- In welchen Bereichen kann ich mich zielgruppengerecht weiter entwickeln?
- Angebot
- Werbung
- Pre-Sales-Service
- Beratung
- Angebot/Leistung
- Arbeitsablauf
- Nachbetreuung

2

- Kundendienst
- After-Sales-Service
- Garantie
- Kundenbindung

- Welche Leistungen und Angebote können bzw. müssen vereinfacht werden, damit sie verständlicher werden?

- Welche Leistungen können bzw. müssen zusätzlich aufgenommen werden, um die Erwartungshaltungen und Wünsche von Senioren zu erfüllen?

- Welche Leistungen sind so ausbaubar, dass sie einen echten Mehrwert bieten, der auch in Rechnung gestellt werden kann?

- Welche Arbeits-, Dienst- und Serviceleistungen müssen in Zukunft seniorengerechter herausgestellt werden?

- Inwieweit muss die Argumentation in der Werbung verändert werden?

- Welche Referenzen müssen stärker dargestellt werden?

Zur Beantwortung dieser Fragen benötigt man keinen Profi. Im Allgemeinen reichen das eigene Wissen und das der Mitarbeiter aus, um die Fragen zu beantworten. Wenn man nicht sicher ist, sollte auf keinen Fall auf Vermutungen aufgebaut werden. In diesem Fall sind die Kunden zu befragen, damit Fehlentscheidungen vermieden werden.

Fazit

Konfuzius hat gesagt: „Sorge Dich nicht um die Ernte, sondern um die Bestellung der Felder." Damit ist gesagt, wer sich jetzt mit der Zukunft beschäftigt, muss in der Zukunft nicht mit der Gegenwart kämpfen, bzw. wer jetzt agiert, muss später nicht reagieren. Hinzu komm, dass die Pionierposition immer nur einmal vorhanden ist. Wer die damit verbundenen Vorteile nutzen will, muss jetzt handeln.

Hans-Jürgen Borchardt
Dezember 2011